LE

Cri du Pardon

—·—◇—·—

PROPRIÉTÉ DE L'ÉDITEUR

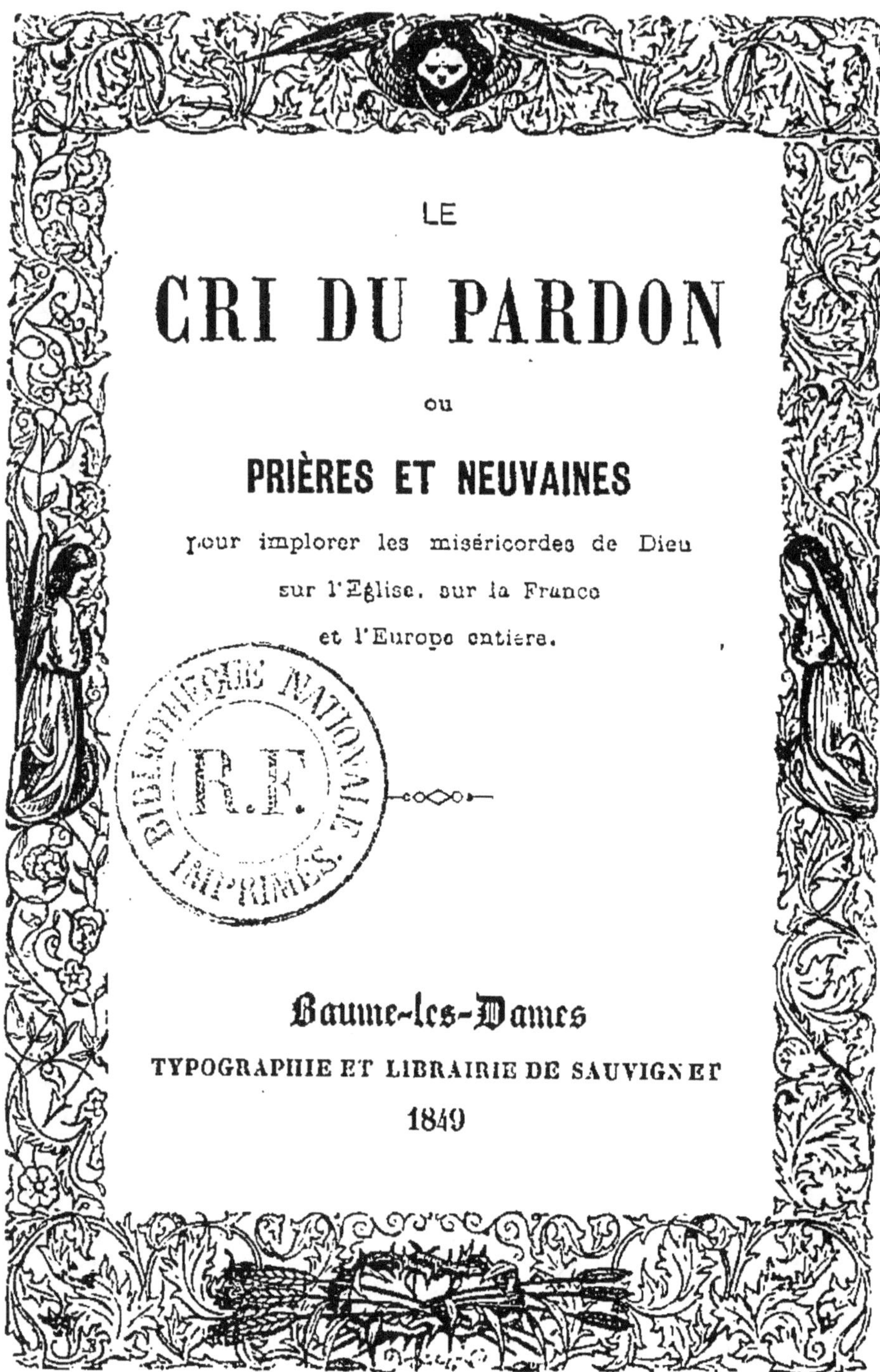

LE
CRI DU PARDON

ou

PRIÈRES ET NEUVAINES

pour implorer les miséricordes de Dieu

sur l'Église, sur la France

et l'Europe entière.

Baume-les-Dames

TYPOGRAPHIE ET LIBRAIRIE DE SAUVIGNET

1849

Avertissement.

A la vue des maux qui affligent l'E- glise, des trou- bles qui agitent le monde et du fléau terrible qui porte le deuil et la désolation dans tant de familles, il est du devoir de tout Chrétien de porter ses regards vers le ciel, et d'implorer le secours du Tout – Puissant pour en obtenir la cessation. Mais tout en reconnaissant que Dieu seul peut mettre un terme à nos maux et faire succéder le calme aux tempêtes qui bouleversent les nations, cherchons à nous convaincre que ce sont nos infidélités et nos péchés qui ont soulevé ces terribles orages, et qui font gronder, avec tant d'éclat, le tonnerre de la justice divine; écrions-nous, dans les sentiments d'une vive contrition: *Malheur à nous, parce que nous avons péché!* Joignons la pénitence à la prière, et présentons-nous, avec confiance, au trône de la grâce, afin d'obtenir miséricorde.

La prière, accompagnée du repentir du péché, et faite avec humilité, est toute-puissante sur le cœur de Dieu ; jamais elle n'a été rejetée. Elle perce les nues, dit le Sage, elle s'élève jusqu'au trône de Dieu, et elle attire infailliblement un regard de miséricorde sur celui qui la fait. *Est-il quelqu'un*, dit le Prophète, *qui ait invoqué le Seigneur, et qui en ait été méprisé? Nos Pères ont crié vers le Seigneur, et ils ont été délivrés ; ils ont espéré dans le Seigneur et ils n'ont point été confondus : quiconque invoque le nom du Seigneur, sera sauvé.*

De tout temps, en effet, la prière a été le salut des hommes, soit dans les calamités publiques, soit dans les détresses particulières. Moïse prie sur la montagne, et les ennemis du peuple de Dieu sont vaincus ; Judith prie, et sa patrie est délivrée ; Ezéchias prie, et Dieu révoque l'arrêt de mort qu'il avait prononcé contre lui ; les premiers chrétiens prient, pendant que saint Pierre est dans les fers, et les portes de sa prison s'ouvrent, ses chaînes se brisent et il recouvre la liberté; les martyrs prient, et les persécuteurs de l'Église se convertissent, et la paix du ciel descend sur la terre; un saint prélat prie avec son troupeau pour demander la cessation d'une peste qui ravageait la ville de Marseille, et ce fléau terrible tombe devant les prières et la pénitence de cet homme de Dieu.

Prions donc avec ferveur; crions vers le Seigneur,

demandons-lui miséricorde et pardon ; et nos prières, unies par la charité, fécondées par la pénitence et la digne réception de la sainte communion, arriveront jusqu'au cœur de Dieu, et nous obtiendrons la délivrance des maux qui troublent et affligent l'Eglise, les États et la Société tout entière.

On trouvera, dans ce petit livre, des prières et des invocations tirées des saintes Écritures ; ces prières sont très-analogues aux besoins actuels de l'Église et de la Société ; mais il faut avoir soin d'en accompagner la récitation, des sentiments d'une foi vive, d'une humilité profonde, et d'une grande confiance en Dieu.

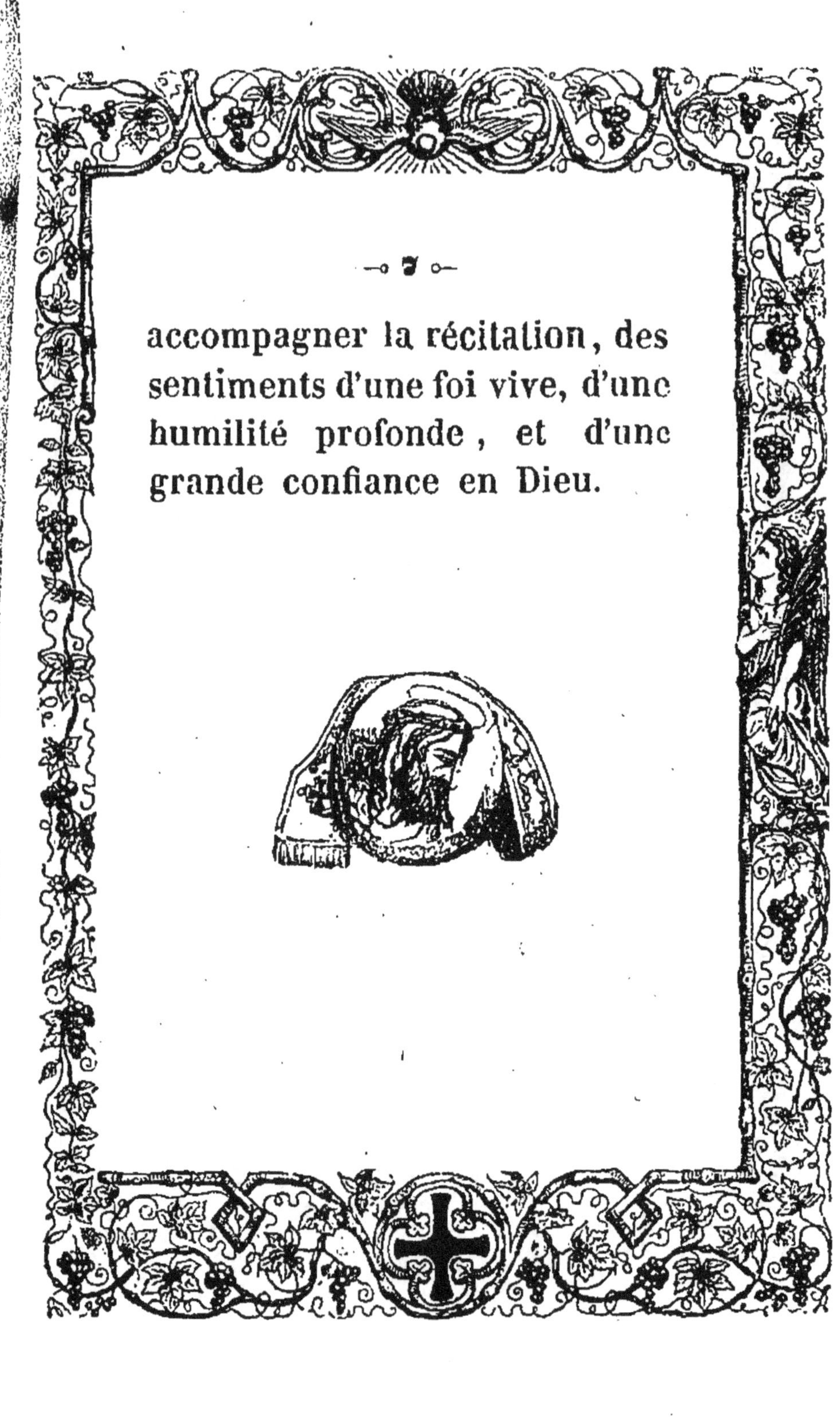

LE
CRI DU PARDON

PRIÈRE

Pour demander à Dieu la paix de l'Eglise.

Mon Dieu, profondément touché des maux qui désolent la terre; et vivement affligé des attaques incessantes dirigées contre votre sainte religion, des projets insensés ourdis, par les méchants, contre l'Eglise, contre son chef auguste et contre vos ministres, je viens avec une humble confiance réclamer votre secours, et vous demander de répandre votre paix divine sur votre Eglise et sur tous ses enfants. Eclairez, ô mon Dieu, tant de malheureuses victimes de l'erreur et des préjugés, qui ne haïssent votre religion sainte que parce qu'ils ne la connaissent pas; convertissez les méchants qui ont déclaré la guerre à la vérité, parce qu'elle condamne leur orgueil, à la vertu, parce qu'elle s'oppose au dérèglement de leurs passions; amenez-les, Seigneur, à vos pieds, par la puissance

de votre grâce; changez leur fureur
en un esprit de paix et de douceur;
faites succéder à leurs projets iniques,
et à la persécution dont ils ne cessent
de poursuivre la religion, une humble
soumission à l'Eglise et à ses pasteurs,
afin qu'après avoir imité Saül, dans ses
erreurs et sa haine contre votre œuvre
divine, ils soient transformés comme
lui en fervents chrétiens et en prédi-
cateurs de la vérité.

Seigneur, du haut de votre sanc-
tuaire, abaissez vos regards miséri-
cordieux sur votre Eglise, que vous
avez établie au prix de votre sang.
Conservez dans la paix et l'union tous
ses enfants répandus sur la terre;

dissipez les hérésies, éteignez les
schismes, apaisez les troubles et les
dissensions; faites revivre ces heureux
temps où les chrétiens n'avaient qu'un
cœur et qu'une âme, et s'efforçaient
de retracer la charité de leur divin
Maître, dans le lien de la paix.

O Jésus! qui, en quittant vos apôtres, leur avez promis la paix, cette
paix qui vient de vous, qui surpasse
tout sentiment et toute pensée, répan-
dez-la sur tous les membres de votre
corps mystique, faites-la régner entre
les fidèles et les pasteurs; consolidez,
par votre grâce, les liens qui unissent
les enfants de votre Eglise au chef
suprême, à qui vous avez confié le

soin de vous représenter sur la terre, de paître votre troupeau, de gouverner la barque de Pierre et de la préserver du naufrage.

O divin Sauveur, qui d'une seule parole enchaîniez les vents et calmiez les tempêtes, dites une parole de paix en faveur de votre Eglise, et nous verrons tomber à vos pieds les ennemis de la vérité et disparaître les fauteurs du trouble et du désordre. Commandez à vos anges de nous protéger contre les efforts de l'enfer, et de nous aider à vivre constamment fidèles aux engagements que nous avons pris avec vous, et avec notre mère, la sainte Eglise. — Ainsi soit-il.

PRIÈRE

Pour N.-S.-P. le Pape, Pie IX.

S OUVENEZ-VOUS, Seigneur, de vos enfants qui pleurent à vos pieds, sur les indignes traitements faits à celui que vous leur avez donné pour être votre représentant sur la terre, et exaucez les prières qu'ils vous adressent en sa faveur. Vous l'avez choisi dans votre sagesse, ô mon Dieu, et vous nous l'avez accordé, dans votre miséricorde, pour être le centre de l'unité catholique, la pierre fondamentale de l'édifice de votre Eglise, le témoignage assuré de votre révélation, le dépositaire fidèle

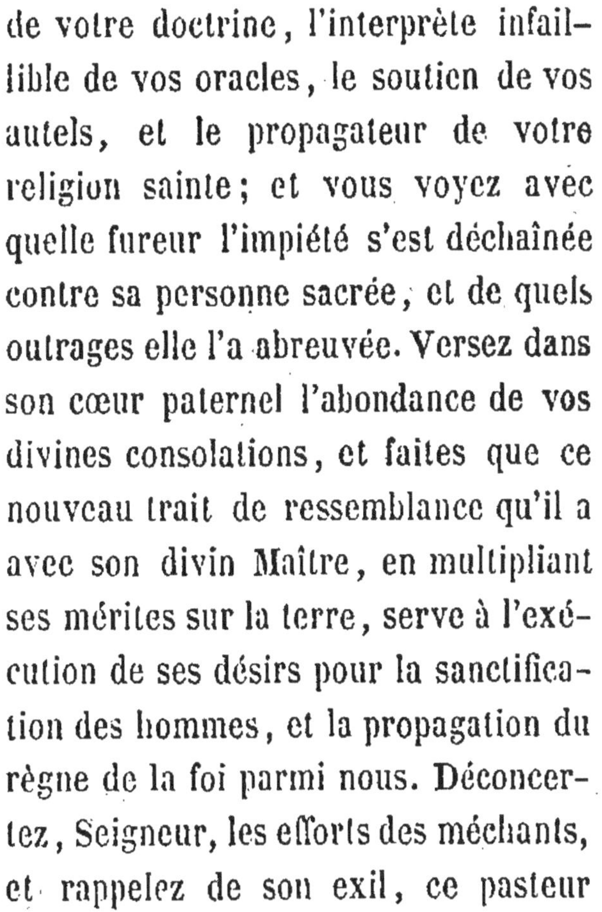

de votre doctrine, l'interprète infail-
lible de vos oracles, le soutien de vos
autels, et le propagateur de votre
religion sainte ; et vous voyez avec
quelle fureur l'impiété s'est déchaînée
contre sa personne sacrée, et de quels
outrages elle l'a abreuvée. Versez dans
son cœur paternel l'abondance de vos
divines consolations, et faites que ce
nouveau trait de ressemblance qu'il a
avec son divin Maître, en multipliant
ses mérites sur la terre, serve à l'exé-
cution de ses désirs pour la sanctifica-
tion des hommes, et la propagation du
règne de la foi parmi nous. Déconcer-
tez, Seigneur, les efforts des méchants,
et rappelez de son exil, ce pasteur

dont le cœur affligé soupire sans cesse pour le bonheur de ses enfants; réunissez tous les chrétiens autour de sa chaire pontificale, et donnez-lui la consolation de voir, de la part de ses enfants ingrats et révoltés, un retour prompt et sincère à l'amour et à la soumission. — Ainsi soit-il.

PRIÈRE

Pour demander à Dieu la cessation des troubles
qui agitent les nations.

L'ENFER s'est déchaîné contre l'œuvre de vos mains, ô mon Dieu! Il a conjuré la perte des Etats, des familles et de la religion, qui en est la base nécessaire, et, au moyen de doctrines subversives répandues partout, et d'agents pervers semés sur la surface de la terre, il a réussi à souffler la discorde dans tous les Etats et à ébranler toutes les nations! Ah! Seigneur, permettrez-vous plus long-temps au démon d'égarer ainsi tant d'âmes, et de causer de si affreux ravages dans la société? Ne vous leverez-vous pas, ô mon Dieu! afin de dissiper d'un seul de vos regards, cette foule d'ennemis impies et audacieux. Il est vrai, Seigneur, que ce sont nos péchés qui ont irrité votre justice, et que ces artisans de troubles, sont devenus entre vos mains les instruments de votre vengeance contre nos iniquités; de sorte que nous pouvons dire en toute vérité : *Malheur à nous, parce que nous avons péché!* Mais, souvenez-vous, ô mon Dieu, de vos anciennes miséricordes, et arrêtez le bras de votre colère, parce que nous déplorons nos égarements, et parce que nous vous présentons des cœurs con-

trits et humiliés. Ah ! vous avez promis de ne pas les rejeter ! Ayez donc pitié de nous, Mon Dieu, et faites-nous participants de vos plus grandes miséricordes. Nous ferons pénitence; nous réparerons nos scandales; nous nous attacherons à votre sainte religion; nous la pratiquerons et nous la ferons pratiquer dans nos familles. O Dieu, qui connaissez le fond de nos cœurs, soyez touché de nos dispositions, et, en considération de notre humilité et de notre repentir, exaucez nos prières, et rétablissez l'ordre et le calme dans les nations, les Etats et les familles, et faites refleurir partout votre sainte et aimable religion,

seule source véritable de félicité,
pour ce monde et pour l'autre.
Ainsi soit-il.

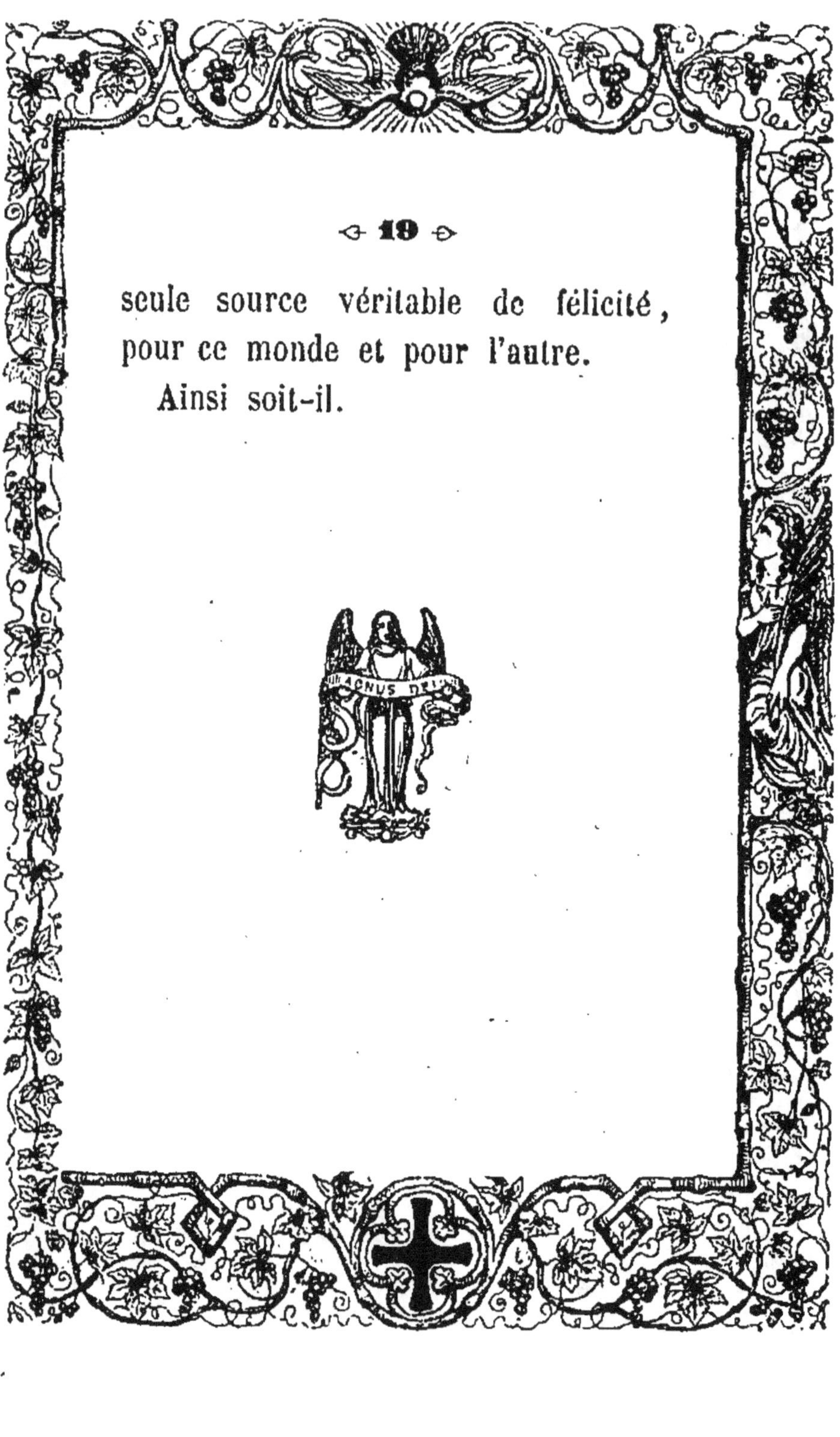

PRIÈRE

Pour implorer le secours de Dieu sur la France.

JETEZ un regard de bonté et de miséricorde, ô mon Dieu, sur la France, cette antique nation, que vous avez tant de fois couverte de votre divine protection et environnée de vos célestes bénédictions. Elle fut autrefois la terre des Saints, le boulevart de la foi, l'état très-chrétien ; elle a été fécondée par le sang des Martyrs, sanctifiée par les larmes et les austérités d'une foule de saints Pénitents ; mais hélas ! elle a été profanée par l'impiété, souillée par le crime et par des excès sans nombre, et maintenant, en punition de l'abus qu'elle a fait des dons de Dieu, en punition de ses ingratitudes et de ses prévarications, elle est livrée au trouble et à l'agitation, elle est menacée sans cesse des envahissements de la plus redoutable irréligion et de la plus effrayante anarchie. Ah! Seigneur, faites ressentir les effets de votre miséricorde à cette nation, où votre nom a été béni, adoré, et votre religion fidèlement pratiquée pendant tant de siècles, et où vous remarquez encore maintenant tant de véritables serviteurs et tant d'âmes dévouées à votre gloire; et en considération des chrétiens fervents, qui portent au pied de votre trône leurs soupirs et leurs humbles prières, épargnez les coupables, et sauvez notre patrie. Rétablissez-y l'amour de la religion, l'attachement aux véritables principes d'ordre et de paix; faites-y régner l'union, la concorde, l'obéissance aux lois, l'esprit de dévouement et de sacrifice, afin que délivrée de cet esprit de vertige qui agite et perd tant de victimes, elle respire dans le calme et la tranquillité à l'ombre de votre divine protection.

O Marie! patronne de la France, souvenez-vous de cette nation qui vous a été spécialement consacrée; sauvez-la du danger, et obtenez-nous un retour sincère à la religion de nos pères.

Ainsi soit-il.

NEUVAINE

AUX SACRÉS CŒURS

DE JÉSUS ET DE MARIE

pour implorer les miséricordes de Dieu sur l'Eglise
sur la France et sur toutes les Nations.

OFFRANDE DE LA NEUVAINE.

Seigneur, vous avez promis de dilater les entrailles de votre miséricorde en faveur des cœurs contrits et humiliés, et d'écouter favorablement les prières qui vous seront adressées avec confiance ; vous avez promis une assistance particulière aux âmes ferventes qui s'associeront pour vous prier. Animé par ces motifs, je viens, ô mon Dieu, en union avec tant de chrétiens répandus sur la terre et qui portent vers vous leurs soupirs et leurs gémissements ; déposer dans votre cœur adorable mes peines et mes craintes, mes vœux et mes espérances ; vous supplier de vous souvenir de vos anciennes bontés en faveur de votre Eglise et des nations chrétiennes, et de jeter sur nous les regards de votre grande miséricorde.

Ah Seigneur ! ne livrez point à l'opprobre, et n'abandonnez point, à la

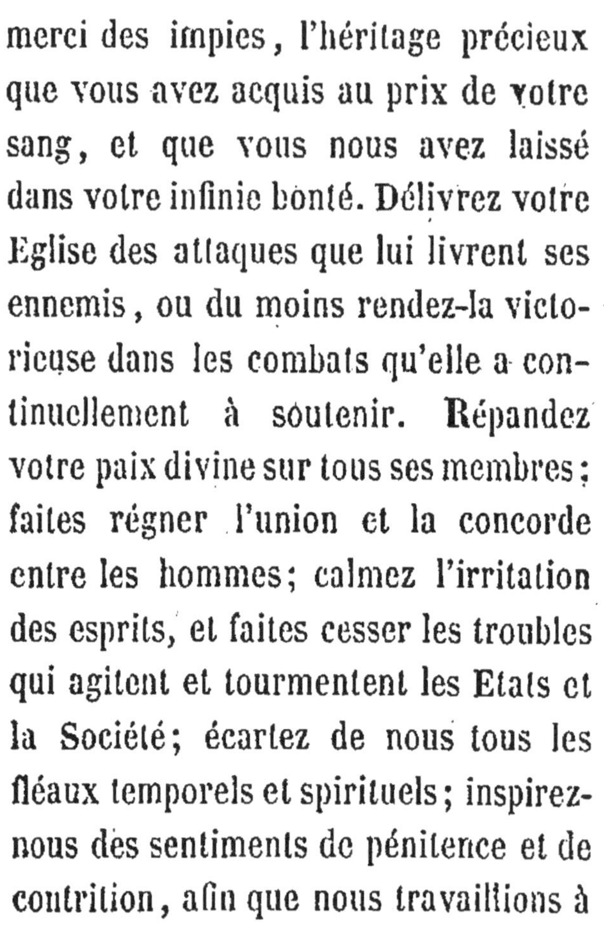

merci des impies, l'héritage précieux que vous avez acquis au prix de votre sang, et que vous nous avez laissé dans votre infinie bonté. Délivrez votre Eglise des attaques que lui livrent ses ennemis, ou du moins rendez-la victorieuse dans les combats qu'elle a continuellement à soutenir. Répandez votre paix divine sur tous ses membres; faites régner l'union et la concorde entre les hommes; calmez l'irritation des esprits, et faites cesser les troubles qui agitent et tourmentent les Etats et la Société; écartez de nous tous les fléaux temporels et spirituels; inspirez-nous des sentiments de pénitence et de contrition, afin que nous travaillions à l'expiation de nos péchés et à l'acquisition des récompenses célestes.

C'est à ces fins que je vous offre la Neuvaine que je vais faire à l'honneur de votre Cœur sacré et du Cœur immaculé de votre sainte Mère.

Daignez bénir, ô mon Dieu ! cet Exercice que je consacre à votre plus grande gloire, et exaucez mes humbles prières. — Ainsi soit-il.

PRIÈRE POUR LA NEUVAINE.

SAUVEZ votre peuple, Seigneur, et répandez vos plus abondantes bénédictions sur l'héritage précieux que vous vous êtes choisi.

Que votre miséricorde descende sur nous, Seigneur, et qu'elle nous environne selon l'étendue de la confiance que nous avons mise en vous.

Nos pères, ô mon Dieu, ont mis en vous leur espérance et ils n'ont point été trompés : héritiers de leur foi et de leur piété; nous réclamons aussi votre assistance, dans les pénibles conjonctures où nous nous trouvons. Ah !

Seigneur, ne nous abandonnez pas !
Nous reconnaissons que le salut ne
peut venir que de vous : nous levons
donc les yeux vers la montagne sainte
et nous implorons votre divine protection.

Sauvez-nous donc, Seigneur, car,
sans vous nous allons périr... Mais une
parole de votre part dissipera nos
craintes, un regard de votre bonté,
nous procurera la paix et le salut.

Nous vous prions, Seigneur, de
venir au secours de vos enfants, et de
vous souvenir que vous les avez ra-
chetés par votre précieux sang.

O cœur adorable de Jésus ! ô cœur
très-saint de Marie ! veillez sur nous,

protégez-nous! Que, par votre média-
tion, l'Eglise soit pacifiée; la France
soit sauvée; que le règne de la foi
s'établisse partout.

O très-sainte Trinité! ayez pitié de
nous.

O Jésus très-puissant et notre refuge!
ayez pitié de nous.

O Marie, mère de miséricorde!
notre espérance et notre secours, priez
pour nous.

Saint Michel, protecteur de l'Eglise
et de la France, et tous les saints
Anges! priez pour nous.

Saints Apôtres! priez pour nous.

Saints Martyrs! intercédez pour
-nous.

Il est bon de faire ici une invocation aux saints Apôtres, Patrons et Martyrs des lieux où l'on se trouve.

Pater noster, etc.

Ave Maria, etc.

Gloria Patri, etc.

Oraison.

Donnez, Seigneur, à mon cœur des cris assez forts pour s'élever jusqu'à vous, et à mes yeux des regards assez purs pour attirer les vôtres sur moi, afin que ma prière appuyée par votre miséricorde, appelle les bénédictions du ciel sur nous, et nous obtienne la paix et le salut. — Ainsi soit-il.

Les Prières ci-dessus se réciteront chaque jour de la Neuvaine.

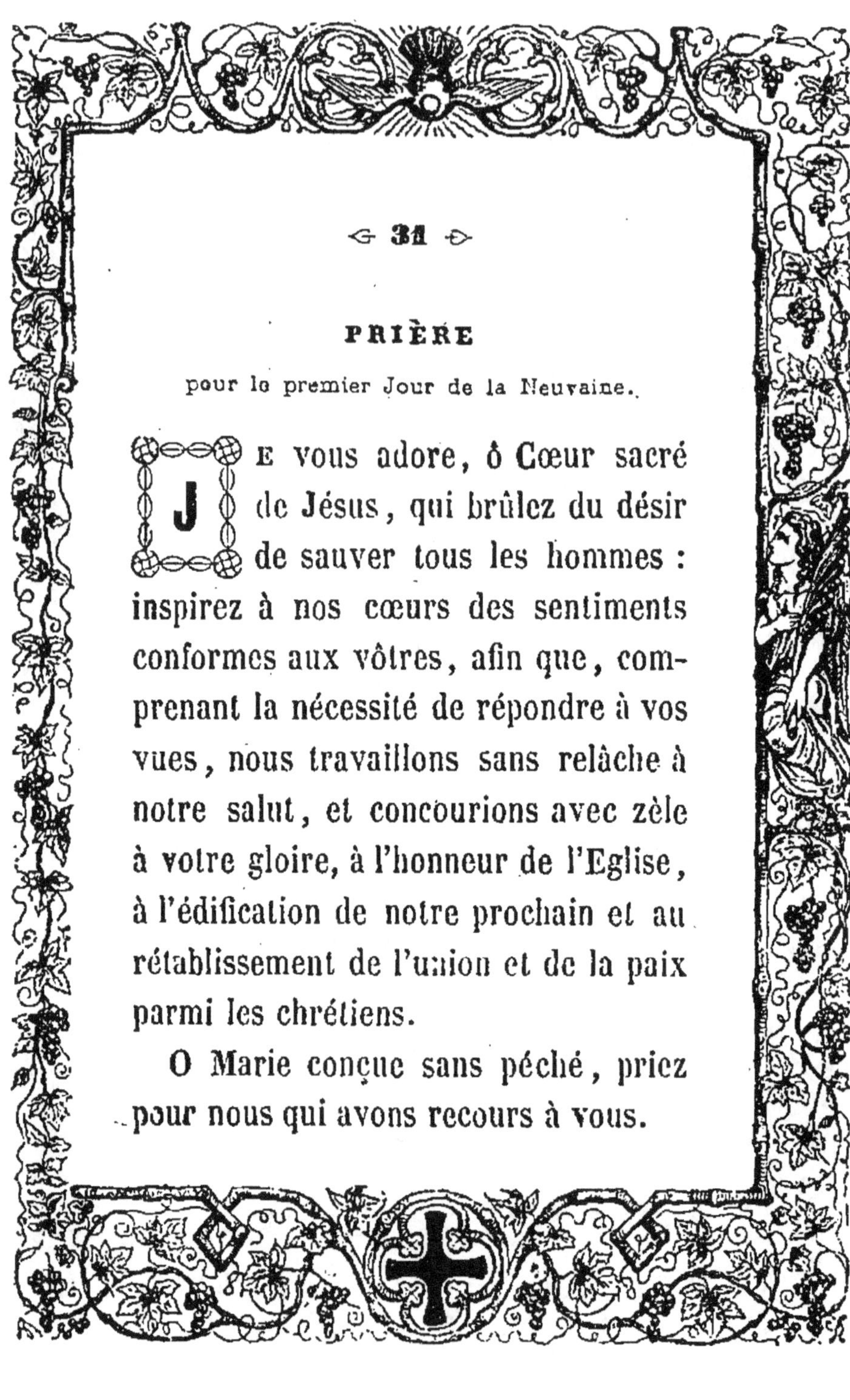

PRIÈRE

pour le premier Jour de la Neuvaine.

JE vous adore, ô Cœur sacré de Jésus, qui brûlez du désir de sauver tous les hommes : inspirez à nos cœurs des sentiments conformes aux vôtres, afin que, comprenant la nécessité de répondre à vos vues, nous travaillons sans relâche à notre salut, et concourions avec zèle à votre gloire, à l'honneur de l'Eglise, à l'édification de notre prochain et au rétablissement de l'union et de la paix parmi les chrétiens.

O Marie conçue sans péché, priez pour nous qui avons recours à vous.

PRIÈRE

pour le second Jour de la Neuvaine

O divin Jésus, qui avez souffert dès le moment de votre naissance : la pauvreté, l'abandon des hommes, leur ingratitude et des humiliations de toute espèce, et qui les avez offerts à votre Père, pour la rédemption du genre humain, je vous supplie d'avoir pitié de tant de malheureux qui sont insensibles à vos bienfaits, qui outragent votre cœur paternel, et qui sèment le trouble et le désordre parmi vos enfants, cherchant à les tromper et à vous les ravir. Ah ! convertissez-les, Seigneur ; rame-

nez-les dans la voie sainte, afin qu'ils
rendent à vótre religion divine, l'hom-
mage qu'ils lui doivent, et assurent
leur salut pour l'éternité. Ainsi soit-il.

O Marie conçue sans péché, priez
pour nous qui avons recours à vous.

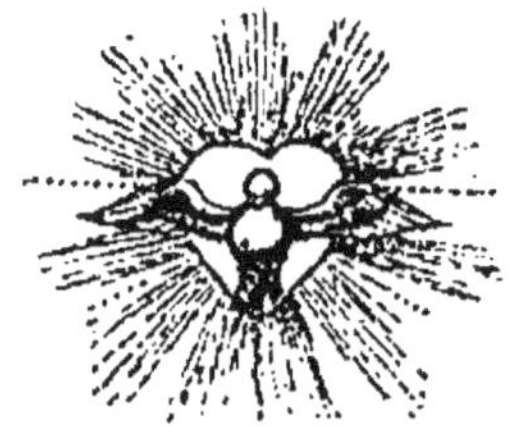

PRIÈRE

pour le troisième Jour de la Neuvaine.

J'ADORE, ô mon divin Jésus! votre bonté et votre sagesse, dans la défense que vous entrepreniez de vos disciples contre les attaques et les injustices des Juifs. Prenez encore aujourd'hui, Seigneur, ma défense contre ceux qui me persécutent à cause de votre sainte religion; ou plutôt, Seigneur, aidez-moi à faire un saint usage de mes peines et de mes tribulations; faites que je les souffre avec résignation, pour obtenir la conversion des ennemis de la foi et et de l'ordre. Eclairez leur esprit, touchez leur cœur, afin que, cédant à la puissance de votre grâce, ils tombent à vos pieds et deviennent un nouveau témoignage de votre bonté et de votre infinie miséricorde. — Ainsi soit-il

O Marie conçue sans péché, priez pour nous qui avons recours à vous.

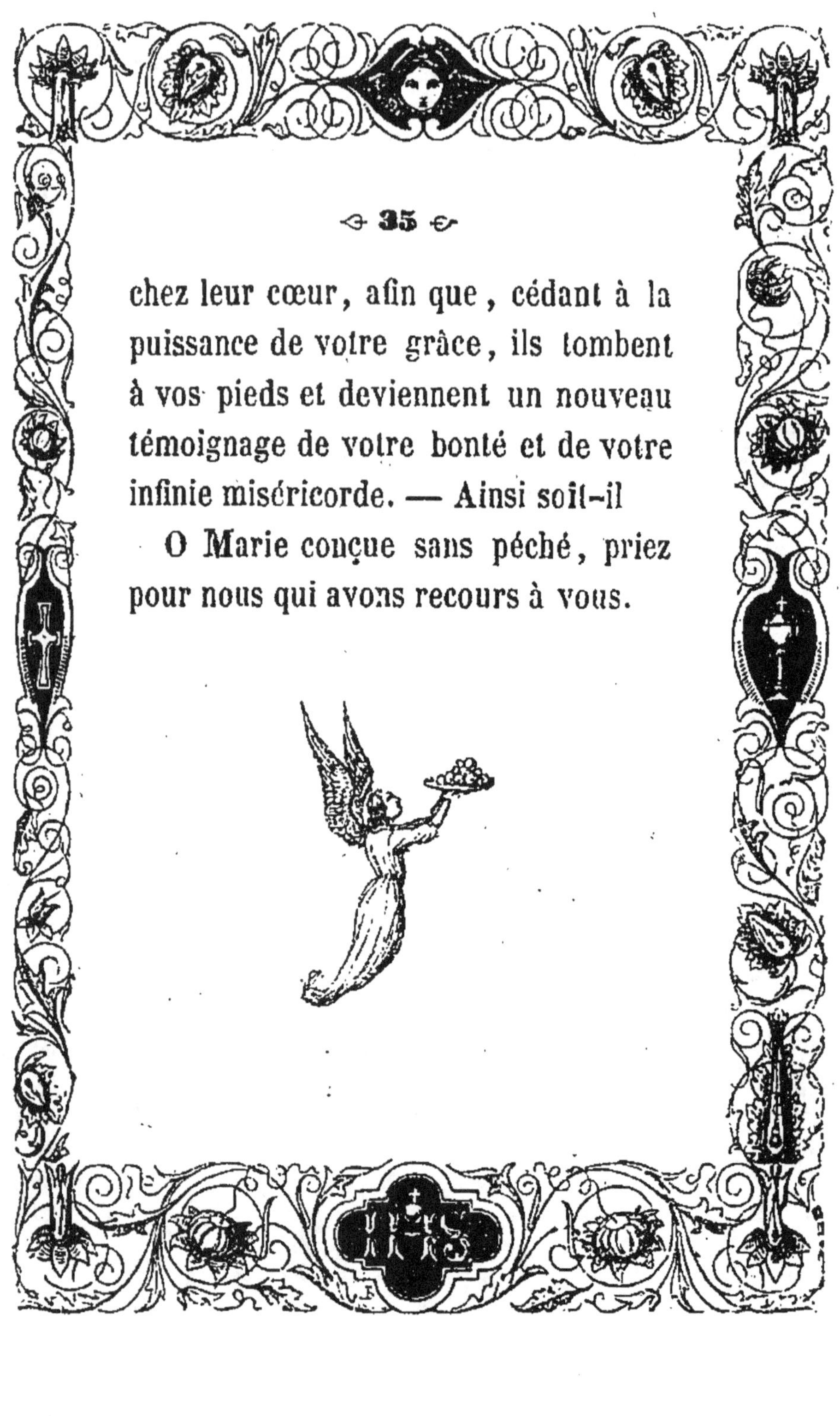

PRIÈRE

pour le quatrième Jour de la Neuvaine.

O Cœur sacré de Jésus, qui avez été profondément affligé et plongé dans une tristesse mortelle en voyant l'ingratitude des hommes et l'abus qu'ils feraient du sang que vous alliez répandre pour eux sur l'arbre de la croix, je vous conjure d'avoir pitié de nous, d'inspirer à notre esprit l'humble soumission à la foi, et à notre cœur la volonté sincère de pratiquer constamment votre loi; afin que nous nous attachions irrévocablement à votre sainte religion, que nous n'abusions jamais de vos dons, et que nous soyons, pour cela, disposés à tout entreprendre et à tout sacrifier.

Ainsi soit-il.

O Marie conçue sans péché, priez pour nous qui avons recours à vous.

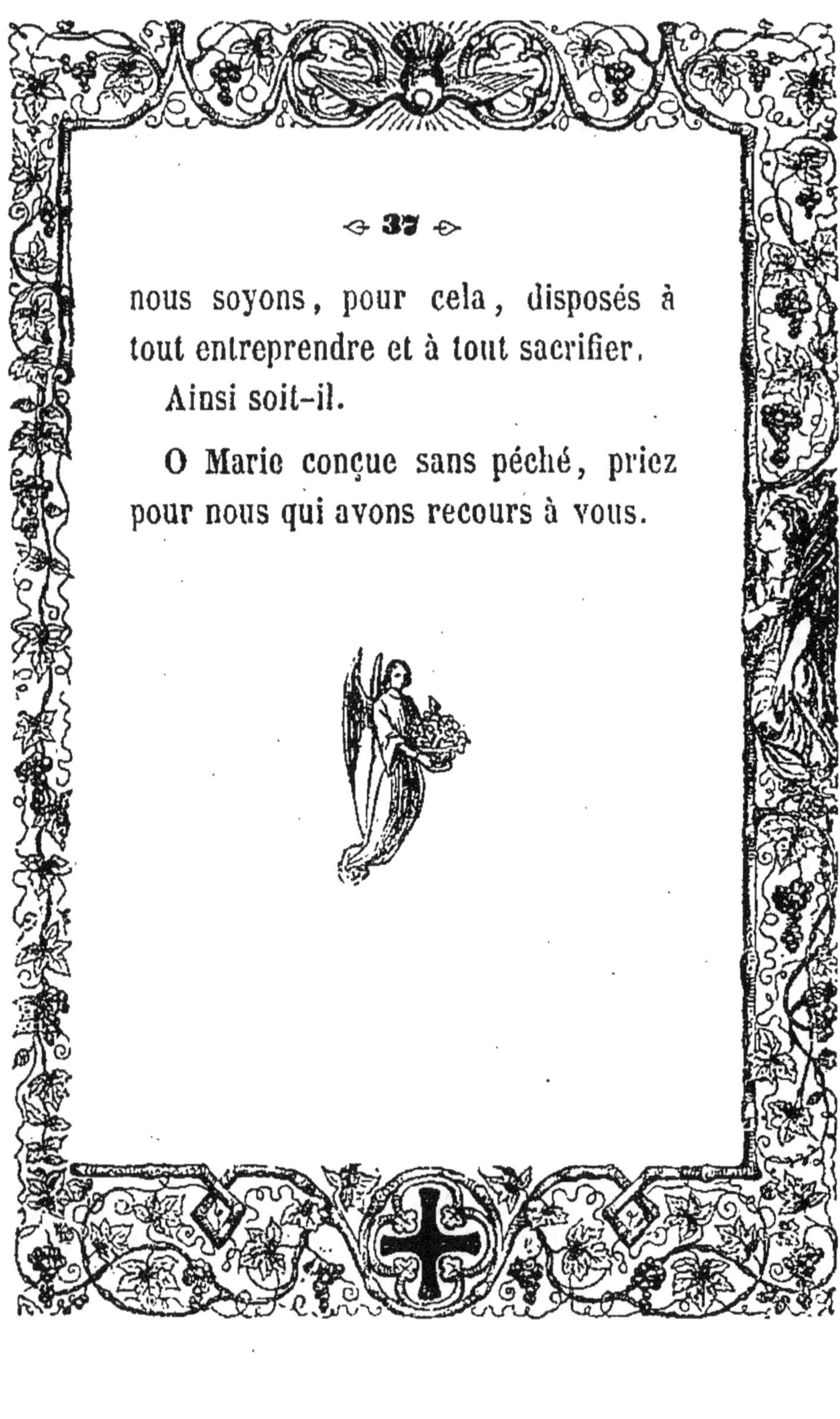

PRIÈRE

pour le cinquième Jour de la Neuvaine.

SAUVEUR adorable, qui avez répandu des larmes sur l'infortunée Jérusalem, et qui avez gémi sur le sort malheureux d'un peuple aveuglé et endurci ; soyez touché des maux de votre Eglise ; ayez pitié des nations qui sont livrées aux troubles et à l'agitation ; **jetez, en** particulier, un regard favorable sur notre Patrie ; et faites servir à votre gloire et au salut éternel de vos enfants, les évènements qui s'y succèdent avec tant de rapidité. Faites revivre, ô mon Dieu, l'antique foi de nos pères ;

ramenez aux principes de la justice et aux saintes pratiques de la religion, ces hommes égarés qui soupirent après le bonheur, qui le cherchent dans de vaines combinaisons humaines, tandis qu'ils ne peuvent le trouver qu'en vous et par vous. Forcez-les, Seigneur, de reconnaître leur faiblesse et leur impuissance, et de recourir avec foi et confiance, à vous, qui êtes l'auteur de tout bien, et le seul principe du véritable bonheur.— Ainsi soit-il.

O Marie conçue sans péché, priez pour nous qui avons recours à vous.

PRIÈRE

pour le sixième Jour de la Neuvaine.

IVIN cœur de Jésus, qui êtes un foyer ardent de charité et de lumière, répandez votre céleste charité sur nous, afin qu'elle règne dans nos cœurs comme un lien de paix et de concorde; faites briller à nos yeux votre divine lumière; délivrez-nous de l'aveuglement spirituel; faites que nous vous connaissions et que nous nous connaissions, que nous connaissions notre néant, notre faiblesse, la vanité des choses de ce monde, la malice du péché, le prix de la vertu et le bonheur que l'on goûte dans votre service. — Ainsi soit-il.

O Marie conçue sans péché, priez pour nous qui avons recours à vous.

PRIÈRE

pour le septième Jour de la Neuvaine.

JE VOUS adore, aimable Jésus consolant un chef de la synagogue affligé de la mort de sa fille, et lui promettant de la ressusciter, à la seule condition qu'il croirait fermement. Je me réfugie dans votre Cœur sacré, pour me soustraire aux craintes et aux inquiétudes que m'inspirent les maux de l'Eglise et les perturbations de ce monde, vous priant, Seigneur, de me faire bien comprendre qu'il n'est rien, qu'une foi vive ne puisse obtenir.

O mon Sauveur, fortifiez tellement

ma confiance, qu'aucun évènement ne soit capable de l'ébranler.

Ainsi soit-il.

O Marie conçue sans péché, priez pour nous qui avons recours à vous.

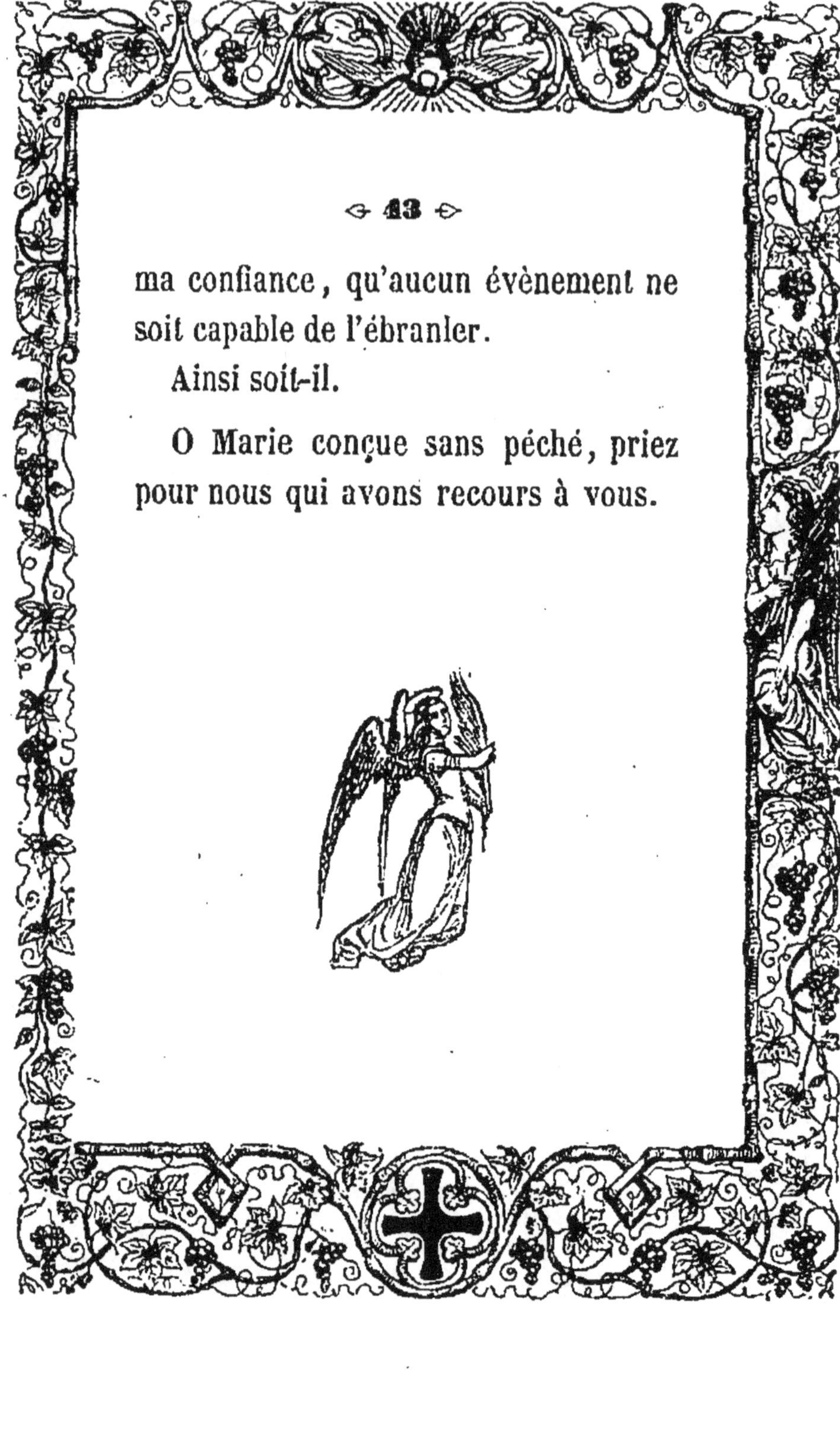

PRIÈRE

pour le huitième Jour de la Neuvaine.

COEUR de Jésus, qui avez soupiré avec tant d'ardeur pour le bonheur et le salut des hommes ; modèle admirable de zèle, communiquez-moi quelques étincelles de ce feu sacré, afin que je travaille avec courage à provoquer la gloire de Dieu, à détruire le règne du scandale et du péché, à répandre et à propager la vérité, à faire aimer et pratiquer la religion, à secourir les malheureux, à consoler les affligés, à instruire les pauvres et à les porter au bien, afin de concourir ainsi au triomphe de la foi et au rétablissement de l'ordre et de la tranquillité pour ce monde, et de m'enrichir de mérites pour l'àutre.

Ainsi soit-il.

O Marie conçue sans péché, priez pour nous qui avons recours à vous.

PRIÈRE

pour le dernier Jour de la Neuvaine.

JE me confie entièrement à votre Providence, ô mon Sauveur ! Je me réfugie avec confiance dans votre Cœur sacré, pour y être à l'abri de toute inquiétude, afin de pouvoir dire, au milieu des peines et des afflictions qui pourraient me survenir : je suis entre les mains de mon Dieu, caché dans son Cœur, abandonné à sa volonté, livré aux sages dispositions de sa Providence : que sa sainte volonté s'accomplisse ; que son nom soit béni, son Cœur adoré, les desseins de sa sagesse entièrement accomplis sur moi, pour le temps et l'éternité. — Ainsi soit-il.

O Marie conçue sans péché, priez pour nous qui avons recours à vous.

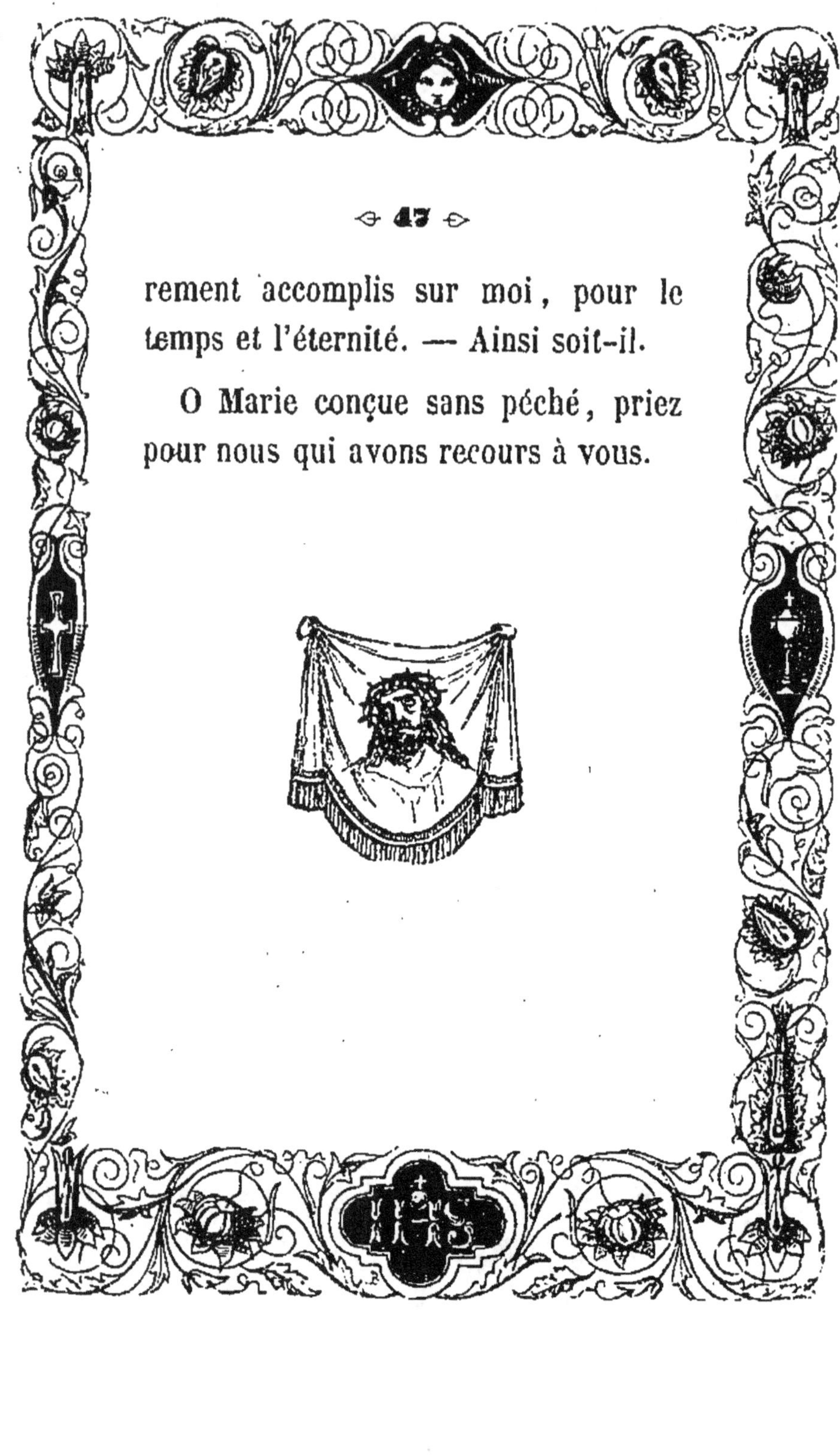

PRIERE A LA SAINTE-VIERGE.

OUVENEZ – VOUS , ô Vierge toute miséricordieuse ! que l'on n'a jamais entendu dire que celui qui a réclamé votre assistance, demandé votre secours, imploré votre intercession, ait été abandonné. Animé par une telle confiance, j'accours vers vous, ô Vierge des vierges ! mère de mon Dieu, je viens à vous et me tiens à vos pieds, gémissant devant vous, accablé sous le poids de mes iniquités.

O Mère de mon Sauveur ! ne méprisez pas ma prière, mais écoutez-la avec bonté et exaucez-la.

Ainsi soit-il.

PRIERE A LA SAINTE-VIERGE
pour les besoins de la France.

O Marie! reine du ciel et de la terre, mère de miséricorde, protectrice de la France! Souvenez-vous de cette antique nation qui vous a été consacrée d'une manière toute spéciale, et sur laquelle vous avez fait éclater tant de fois votre puissante protection ; soyez sensible aux prières qui vous sont adressées de tous les points de ce vaste Etat, présentez-les à votre divin Fils et obtenez à la France l'esprit de paix et de concorde, le retour aux principes et aux pratiques de la religion, seule base de prospérité ;

obtenez surtout la conversion des pé-
cheurs et des ennemis de l'ordre,
détournez les fléaux et les calamités
qui nous menacent, et demandez à
votre divin Fils qu'il répande sur nous
ses grâces et ses bénédictions.

Ainsi soit-il.

BIBLIA
SACRA

SANCTI
EVANGELII

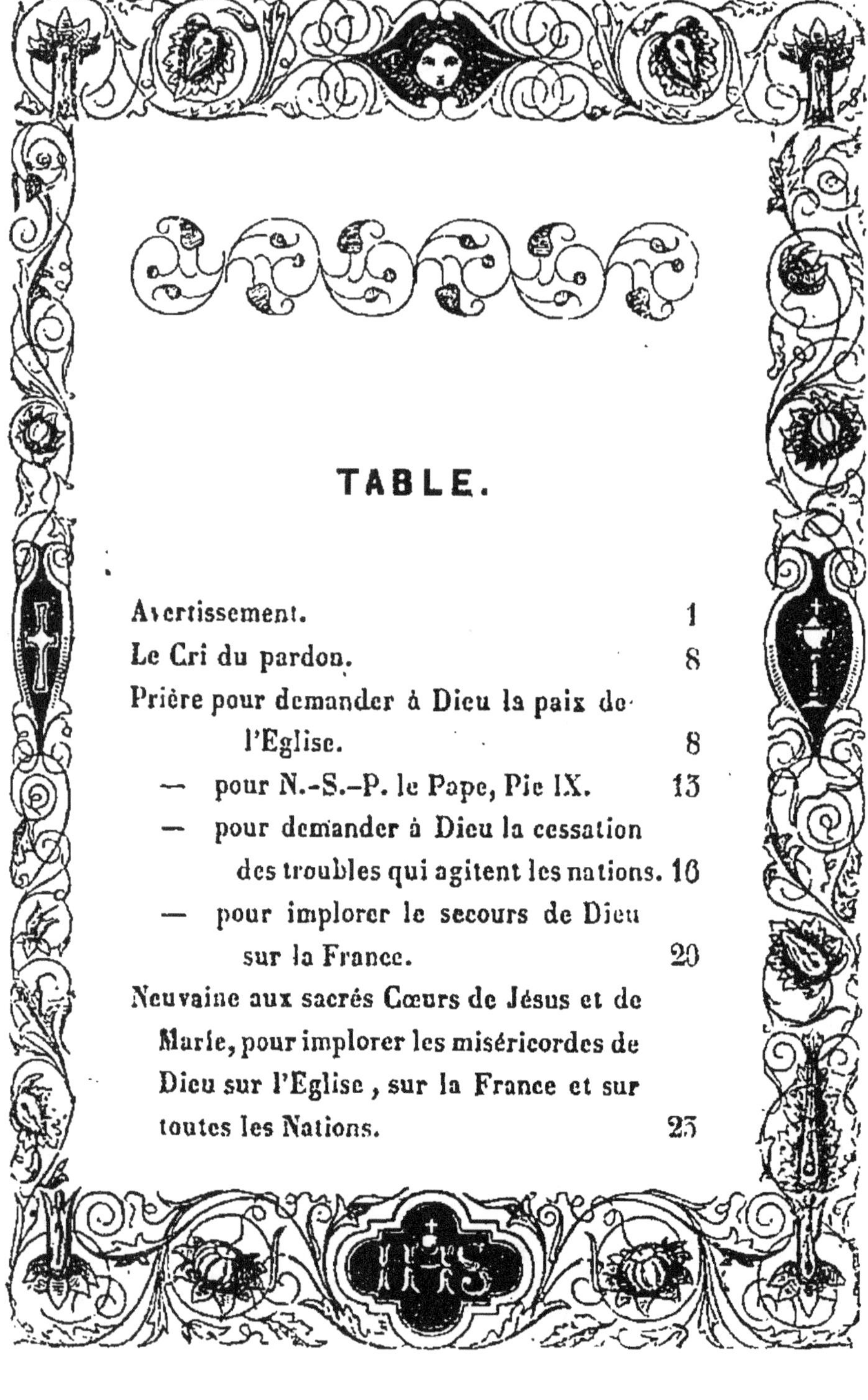

TABLE.

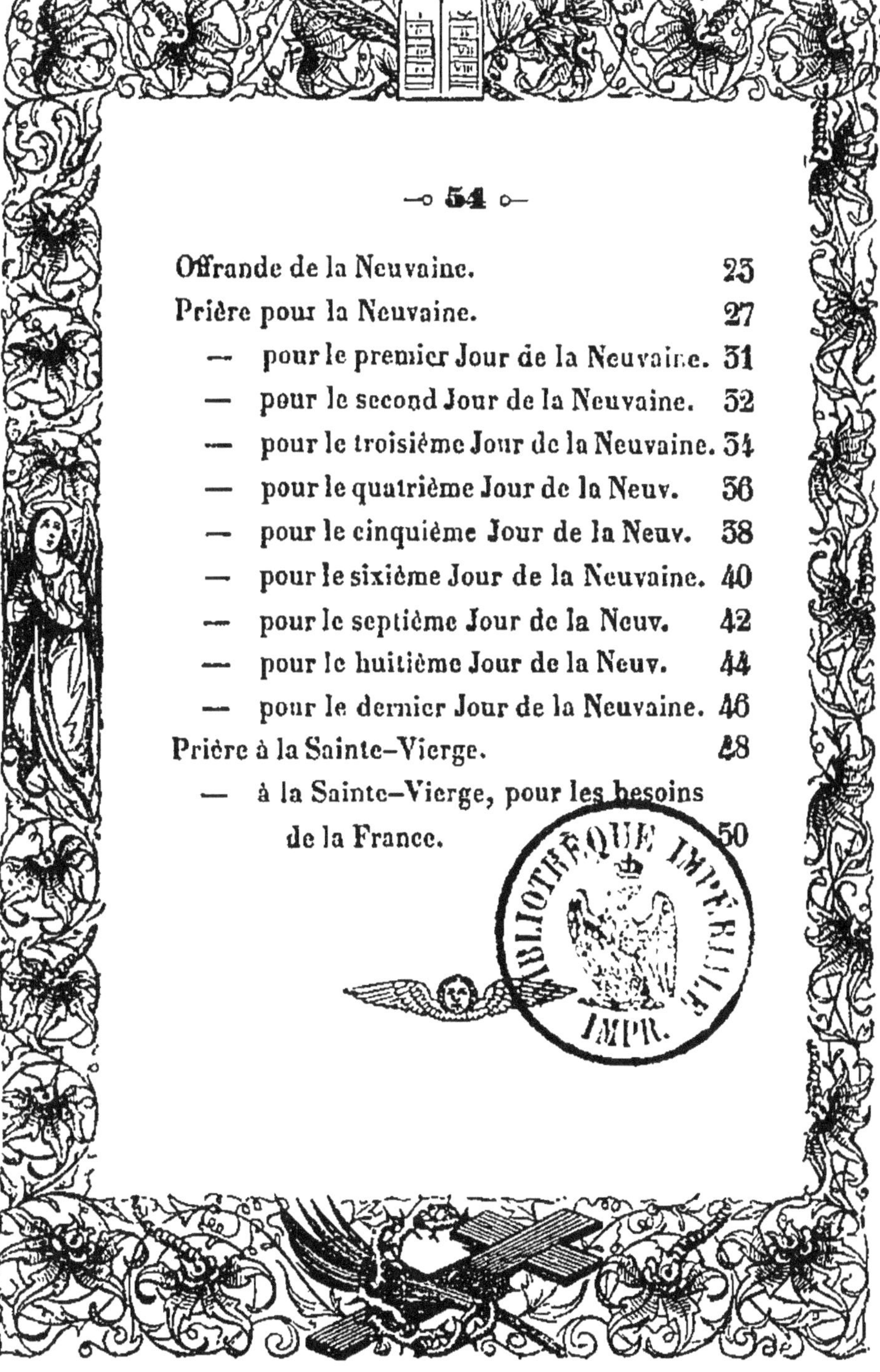